Blütenblätter

Hans Ilmberger, geboren 1948, aufgewachsen in München und Wuppertal, studierte ab 1969 an der Universität Hamburg und verliebte sich im 1. Semester in Gerda. Sie heirateten 1972, zogen nach Ahrensburg und bekamen zwei Töchter. Gerda starb am 28. Januar 2018.

Nach dem Tod meiner Frau traf ich viele liebe Menschen, die mich in meiner Trauer begleitet haben. Einigen habe ich Gedichte gezeigt, die ich parallel zu meinen Tagebüchern geschrieben habe. Sie fanden sie sehr schön und waren davon überzeugt, dass sie Trauernden, die einen lieben Menschen verloren haben, Trost und Hoffnung geben könnten.

Dies ist der Grund, warum ich diese Prosagedichte veröffentlicht habe. Geschrieben habe ich sie für mich und für alle, die Gerda kannten und sie liebten.

Hans Ilmberger

Blütenblätter

Gedichte und Blumen für meine Frau

Bibliografische Information der Deutschen Nationalbibliothek:
Die Deutsche Nationalbibliothek verzeichnet diese Publikation in der
Deutschen Nationalbibliografie; detaillierte bibliografische Daten sind
im Internet über dnb.dnb.de abrufbar.

© 2020 Hans Ilmberger
Satz, Umschlaggestaltung, Herstellung und Verlag:
BoD – Books on Demand, Norderstedt
ISBN 978-3-7519-7574-2

Inhalt

Für Gerda,

Nele und Hanna

Vorwort

Vor gut zwei Jahren habe ich meine Frau verloren. Sie hatte Krebs und ist an dieser Krankheit gestorben. Vielleicht sollte ich besser sagen, wir haben uns verloren, denn wir gehörten ja zusammen und sie hat natürlich auch mich verloren.

Auch das ist nicht die ganze Wahrheit. Meine Frau war felsenfest davon überzeugt, dass wir uns in einer anderen Welt wiedersehen würden. Und für meine Zeit hier in dieser Welt hat sie mir versprochen: „Du wirst nie allein sein, Hannes, ich bin immer bei dir. Immer." Sie müssen wissen, meine Frau hatte immer Recht. Ich meine das sehr positiv. Sie war in keinster Weise rechthaberisch, aber sie wusste, was sie sagte. Und es stimmte, was sie sagte. Meine Domäne waren Himmelsrichtung, Ortskenntnisse und Orientierungssinn. Für den Rest war sie zuständig. Sie können mir glauben, es hilft mir sehr, dass meine liebe Frau bei mir ist und dass wir uns wiedersehen werden.

Ab dem Tag, an dem der Chirurg uns nach der zweiten Operation mitteilte, dass der Krebs sich weiter ausgebreitet hatte, eine Heilung nicht möglich sei, habe ich Tagebuch geschrieben, habe täglich notiert, was wir getan haben, was meine Frau gesagt hat, habe Leid und Freud festgehalten, habe meine Frau festgehalten. Nach ihrem Tod habe ich einfach weitergeschrieben, täglich, oft in Dialogform. Wir haben uns ganz einfach über alles unterhalten. Sie war mir dadurch immer nah, ich konnte sie auf diese Weise sehen, ihre Stimme hören.

Menschen, denen ich das erzählte, ermunterten mich

dazu, die Tagebücher, die Dialoge zu veröffentlichen. Das würde anderen Menschen, sagten sie, die sich in ähnlicher Lage befinden, wahrscheinlich helfen. Ich konnte mich bisher nicht dazu entschließen.

Ich traf viele liebe Menschen, die mich in meiner Trauer nach dem Tod meiner Frau begleitet haben. Zwei von ihnen haben ein noch viel furchtbareres Leid erfahren als ich. Sie haben auf tragische Weise ein Kind verloren. Ihnen habe ich einige Gedichte gezeigt, die ich parallel zu den Tagebüchern geschrieben habe. Sie fanden sie sehr schön und waren davon überzeugt, dass sie Trauernden, die einen lieben Menschen verloren haben, Trost und Hoffnung geben könnten. Ich solle doch bitte unbedingt weitere Gedichte schreiben und sie veröffentlichen.

Das habe ich getan. Ich habe es gerne getan, es hat mir Freude gemacht, obwohl ich bei vielen Gedichten beim Schreiben geweint habe.

Viele Blumen, die in diesem Büchlein zu sehen sind, stammen aus unserem Garten, einige wurden von meiner Frau gepflanzt oder gepflückt und in eine Vase gestellt. Blumen passen zu ihr, sie liebte sie sehr.

Dein Lächeln

Mir ist,
als ob es
gestern war,
es war ein Raum
im 2. Stock,
Grammatik bei Miss Ziesemer.
Wir saßen in
der gleichen Reihe,
ich ganz links
und du ganz rechts.
Und als ich
einmal zu dir sah,
da hast du mich
so angelächelt,
dass mir sofort
ganz anders war.
Das war ein Lächeln
nur für mich,
ich war gemeint
und niemand sonst.

Dein Lächeln
hat mich ganz verzaubert -
so blieb es
bis zum letzten Tag.

Wann immer
ich jetzt
an dich denke,
wenn ich ein Foto
von dir seh',
auch wenn ich
wirklich traurig bin,
hab' ich
ein Lächeln
im Gesicht.

Unzertrennlich

Mein Liebes,
es ist schon lange her,
dass meine Hand
zum ersten Mal
die deine nahm
und deine Hand
so selbstverständlich
und ganz ohne Zögern
in meiner blieb.

Das letzte Foto,
das es gibt
von dir und mir,
zeigt deine Hand
in meiner,
so völlig
unzertrennlich,
in alle Ewigkeit.

Komm, setz' dich zu mir

Komm,
setz' dich zu mir,
Schatz,
und halte meine Hand.
Erzähl' mir was
von Kindern
und von Blumen
und vom Duft
der Erde,
vom warmen Regen
auf der Haut.
Du siehst,
es hat sich
nichts verändert,
ich bin so,
wie ich war.
Ich lieb' dich so
wie immer
und halte dich
ganz fest
in meinem Arm.

Dieser schöne Rosenbusch steht im
Garten von Claude Monet in Giverny.
Dieser Garten ist unvergleichlich, ein wahres
Blumen- und Farbenwunder.
Wir waren dreimal dort, zuletzt 2015.

Am Grab

Ich sitze hier
am Grab
mit deinem Namen
und den Zahlen
vom Beginn
und Ende
deiner Zeit
in dieser Welt.

Ich sehe auch
die Zeit dazwischen,
so voller Glück
und voll von
deiner Liebe.

Und auch die Zeit,
die kommen wird
mit dir,
mein großer Liebling,

in einer neuen Welt,
für immer
du in meinen Armen
und ich in deinen.

Träume

Liebste
du warst hier
heut' Nacht
neben mir
so wie immer
nackt
in deinem
weißen Nachthemd
unverändert
unversehrt
du hast mich
angeschaut
und meine Hand
hat dich berührt
für einen
Augenblick.

Liebster
ich war bei dir
heut' Nacht
wie immer
unsichtbar
ich hab'
dich angeschaut
und davon geträumt
du könnt'st
mich sehen
und berühren
für einen
Augenblick.

Vor fast 30 Jahren haben wir in unserem Garten vier Obstbäume gepflanzt. Darunter einen Apfelbaum. Seine Blüten sind die schönsten. Duftig, fröhlich, zart, sie passen zu Gerda.

Armbanduhr

Die Armbanduhr
an deiner Hand,
du fandst sie wunderschön,
sie war bei Tag,
sie war bei Nacht
dein ständiger Begleiter.

Jetzt trag' ich sie
an meiner Hand,
ich schau' sie
immer wieder an,
viel öfter, als ich müsste.
Ich seh' die Zeiger,
seh' die Zeit
und spür' dabei
den Blick von dir,
der sich mit meinem trifft,
auf diesem runden Ziffernblatt.

Die Uhr mit blauem Lederband -
ich geb' ihr oft,
wenn's keiner sieht,
ganz zärtlich einen Kuss -
sie ist inzwischen
auch für mich
vollkommen unentbehrlich.
Denn du bist jetzt,
geliebte Frau,
dank dieser Uhr mit blauem Band
mein ständiger Begleiter.

Engel

Dein Engel
neben dir,
gemalt
von Fra Angelico,
ist Freund dir und Vertrauter,
du schaust ihn an,
als wüsstest du,
er wird mich bald begleiten
und wachen über mich.
Du bist sehr schwach
und liegst ganz oft
am Fenster,
auf dem Sofa.
„Was machst du grad,
mein lieber Schatz?" -
„Ich schau' in den Himmel."

Die letzte Nacht

Heut' Nacht
bin ich,
wie schon so oft,
bei dir,
in unsrer letzten Nacht.
Du hast gewartet,
bis ich kam,
bevor du gingst,
hast mich
noch einmal angeschaut,
hast meine Hand genommen
und ich die deine,
um uns festzuhalten
und nochmal
zu fühlen,
wie schön es war,
gemeinsam
in dieser Welt
zu leben,
uns zu lieben.

Gerda liebte kleine Blumensträuße,
zusammengestellt aus Blumen, die
in unserem Garten zu finden sind. Dazu
gehörten auch Hortensien. Hier stehen
sie in einer kleinen Vase im Eckschrank.

Angst

Liebes,
du hast nie gesagt,
ich habe Angst
zu sterben.
Du hast geweint
und hast gesagt,
es ist zu früh,
ich wär' so gerne
ganz gesund,
ich möchte leben,
bei dir sein.
Du hattest
so viel Angst davor,
mich ganz allein
zurückzulassen.
Und dann hast du
mir Mut gemacht:
„Wir suchen Hilfe
für den Garten
und eine Putzfrau
brauchst du auch.

Du wirst dann
malen, Cello spielen,
und ganz egal,
was auch passiert,
ich bin dann bei dir,
lieber Hans,
das wird schon werden,
keine Angst."

Der blaue Schuh

Ich komme nachts nach Haus'
mit meinem Cello
und schließ' die Türe auf.
Timmi kommt schwanzwedelnd
mir entgegen
mit deinem blauen Schuh
und legt ihn vor mir hin.
Ich heb' ihn auf
und seh' den Abdruck
deiner Zehen,
als hättest du den blauen Schuh
grad eben noch getragen,
als wärst du grade eben erst
vor mir nach Haus' gekommen.

So unverkennbar du

„Hannes?"

Du hast gerufen,
Schatz,
ich weiß,
dass du es warst,
so liebevoll,
so voller Hoffnung,
so unverkennbar
du.

Ich bin hier,
mein Liebes,
komm' zu mir
und bleib'.
Ich such' dich jeden Tag
und wäre gern
bei dir,
mein Schatz,
für immer.

„So unverkennbar du", dazu passt
Gerdas große Freude über einen
kleinen Strauß selbst gepflückter
Rosen aus unserem Garten.

Blumensträuße

„Schön?"
Du strahlst
mich an,
erwartungsvoll,
Stiefmütterchen
in deiner Hand,
sie sind
so frisch und
so vergnügt,
sind gelb und blau
und kupferrot.
Du stellst sie
in die kleine Vase,
ziehst hier,
zupfst da,
und schaust sie an.
„Ich hol' noch drei
Vergissmeinnicht
und steck' sie mit dazu."

Jetzt hole ich
die Blumen rein,
stell' kleine Sträuße
vor dein Bild,
ich kann das
nicht so gut wie du.
Du freust dich trotzdem,
denk' ich mir -
nein, nein, jetzt bin ich
mir ganz sicher,
ich hör' dich sagen:
„Oh, wie schön!"

Apfelsine

Ich schau' dir
gerne zu,
wie du sie schälst,
die Apfelsine.
Am Nordpol
fängst du immer an,
dann geht's
mit leichter Hand
von Ost nach West
gleichmäßig
um den Globus.
Schon bist du
am Äquator
und nicht mehr
allzu weit entfernt
vom Endpunkt
ganz im Süden.
Die Kugel liegt
in deiner Hand,
jetzt weiß
und ohne Schale,

von deinem Daumen
baumelt rechts,
orange und duftend,
die Spirale.
„Für dich, mein Schatz",
lachst du mich an
und schenkst mir beides,
Frucht und Schale.

Von Ende März bis Anfang Juni waren diese kleinen Sträuße in jedem Jahr ein fast täglicher Begleiter. Gerda liebte es, Stiefmütterchen „reinzuholen" und in diese kleine Vase aus dem Frans-Hals-Museum in Haarlem (NL) zu stellen, oft kombiniert mit anderen Blümchen.

Ich wär' / Ich bin

Ich wär' so gern bei dir,
mein Schatz,
und möchte
deine Stimme hör'n
und wie du
meinen Namen sagst,
so lieb
und so vertraut.
Ich möchte dich,
möcht' deine Arme
fühl'n
und deinen Mund
auf meinem
und deine Liebe
seh'n
in deinen
dunklen
Augen.

Ich bin so gern bei dir,
mein Schatz
und höre
deine Stimme
und wie du
meinen Namen sagst,
so lieb
und so vertraut.
Ich fühle dich,
fühl' deine Arme
und deinen Mund
auf meinem
und deine Liebe
sehe ich
in deinen
dunklen
Augen.

Spiegel

Ich schau' am Morgen
in den Spiegel
und seh' nur mich.

„Wo bist du, Liebste?"

„Mein lieber Hannes,
ich bin hier,
ganz nah bei dir.
Ich hab's dir doch versprochen.
Mach' einfach deine Augen zu,
dann siehst du mich."

Deine Hand in meiner

Ich liebe
deine Hand in meiner,
ich kann nicht ohne sie.
Dein Griff ist
sanft und fest,
so voller
Innigkeit und Wärme,
so voll Vertrauen.
Und meine
fühlt sich
so geborgen
und behütet,
Schatz,
in deiner.

Rosen vor Claude Monets Haus in Giverny

Deine Briefe

Ich sitz' an deinem Grab,
mein Schatz,
und les' dir Briefe vor.

„Die kenn' ich gut",
sagst du zu mir,
„ich hab' sie selbst geschrieben,
an Mama, Papa,
an Zuhaus'.
Das ist schon ewig lange her,
wir waren beide noch so jung
und alles war
so voller Glück.
Erst du und ich allein,
mein Schatz,
dann wir mit unsren Kleinen.
Und wenn du morgen zu mir kommst,
dann lies mir doch den Brief mal vor,
den du am allerliebsten magst." -

„Dann nehm' ich den
mit Nele,
du warst so selig,
weißt du noch?" -
„Ja, bring ihn mit
und zwei, drei ganz normale,
wo alles ganz alltäglich war,
mit Kochen, Waschen, Bügeln.

Es war so schön mit dir,
mein Hans,
es war ein schönes Leben."

Wieder da

Timmi bellt am Gartentor,
er bellt vor lauter Freude,
Gerda kommt mit ihrem Rad
und hält direkt davor.
Er hopst und wedelt,
springt sie an,
er ist so voller Freude.
„So freust du dich,
mein lieber Hund,
so hast du mich vermisst?
Nun lass‘ mich mal
nach oben schieb‘n,
gleich hab‘ ich wieder
Zeit für dich.
Timmi, nein,
das darfst du nicht,
du darfst nicht
in den Taschen wühl‘n,
da ist nichts für dich drin!“

Sie nimmt die Taschen,
kommt zur Tür
und ruft vergnügt
zu mir nach oben:
„Bin wieder da, mein Schatz." -
Was für ein wunderschöner Satz!

Von den Fliederbüschen in unserem Garten ist dieser der beliebteste. Wenn man aus dem Haus kommt, das Fahrrad die Auffahrt runter zur Straße oder später zurück zum Haus hoch schiebt, kommt man daran vorbei und freut sich. Die Blütendolden haben eine schöne Farbe und duften wunderbar.

Schuhe

Ich habe
neue Sportschuhe,
sie sind hellblau,
sie sind modern
und sehen
sehr gut aus.
Sie stehen bei mir
im Regal,
gleich neben
Neon-grün,
das sind,
man kann es wohl erraten,
die ganz kaputten, alten.
Noch zieh' ich nur die alten an,
trotz großem Loch
im rechten Schuh.

„Was meinst du,
Hannes,
passen die?

Geh' doch mal etwas
auf und ab,
sind die nicht viel zu groß
für dich?
Gefällt dir denn das Grün?"

Wenn ich die
alten Schuh' anzieh',
dann sitzt du neben mir,
dann geh'n wir gleich
zur Ladenkasse,
von dort aus - ganz egal wohin,
nur immer Hand in Hand.
Wie schön,
dass wir zusammen sind!

Die blauen Schuhe
sind bequem,
sie sind noch völlig unbenutzt
und sehen sehr gut aus -
doch hab' ich sie allein gekauft.

Deine Haare

Es ist schon lange her,
mein Schatz,
doch ich erinner' mich genau,
ich werd' sie nie vergessen.
Sie waren
lang und dunkel,
nicht blondgelockt
und windverliebt
und ungezähmt
wie die von
Botticellis Venus.
Sie waren
lang und dunkel
und sanft
und liebevoll
und zärtlich
auf meiner Haut.

Jede Nacht

Ich höre Bach
und Mozart
in der Nacht
und du bist
bei mir.
Wie schön du bist!
Du schaust
mich an
mit deinen tiefen Augen,
die mich trösten
und verzaubern
jede Nacht.

An einem Zaun entlang haben wir rund ein
Dutzend Rosen gepflanzt. Es sind englische Rosen.
Die Blüten sind hübsch und duften wunderbar.
Gerda hatte oft Hemmungen, diese schönen
Rosen abzuschneiden und in eine Vase zu stellen,
aber manchmal konnte sie nicht anders.

Radieschenbrote

Du liebst sie sehr,
so rund und knackig,
Radieschen
auf frischem Brot,
in schlanke Scheibchen
draufgeschnippelt,
hoch aufgetürmt,
mit etwas Salz.

Das wird nicht gut geh'n,
denk' ich mir,
doch deine Augen leuchten,
du greifst zum Brot,
mit beiden Händen,
die ersten Rädchen rollen los.
Auf halber Strecke
bis zum Mund
kommt hinten einiges
ins Rutschen,
dann beißt du vorne
zweimal zu.

„Radieschenbrote sind was
Leck're s",
sagst du,
als es wieder geht,
die vord're Hälfte
ist verschwunden,
die hintere ist leergefegt.

Das letzte Mal

Wir kommen heim
von Piepereit
mit unsrem Auto
voller Blumen,
mit Hornveilchen
in Gelb und Weiß,
mit Stiefmütterchen
in allen Farben,
mit Bellis und
Vergissmeinnicht.
Du kannst nicht warten,
fängst gleich an,
du machst zuerst
den großen Kübel,
der neben unsrer
Haustür steht,
dort pflanzt du jetzt
die Stiefmütterchen
- dicht an dicht
und kunterbunt -

und lässt dazwischen
Efeu ranken.

In dem Topf
aus Terracotta,
oval geformt
und reich verziert,
sitzen bald
die hübschen Bellis
zusammen mit
Vergissmeinnicht.
Die Blumen strahlen
um die Wette,
sind heiter, fröhlich,
ausgelassen.

Du freust dich sehr
und bist doch traurig,
denn dies war heut'
das letzte Mal.

Dieser große Terracotta-Kübel steht links neben unserer Eingangstüre. Gerda hatte ihn immer bepflanzt, im März mit Stiefmütterchen, „bunt durcheinander", im Sommer mit pinkfarbenen Fleißigen Lieschen.

Vogeltränke

Die Amsel hüpft
zur Vogeltränke
und nimmt sogleich
ein Bad,
sie schlägt die Flügel,
schüttelt sich,
sie taucht
ihr Köpfchen unter,
zum Singen hat sie keine Zeit,
sie spritzt und planscht
in einer Tour,
sie ist 'ne wahre Frohnatur.
So viel Freude,
Lebenslust,
das passt
zu deinem Grab,
zu dir.

Die letzte Rose

„Ich glaub‘,
da blüht noch eine Rose,
ganz hinten links,
am Gartenzaun.“
Es wird schon dämmrig,
es ist kühl,
du ziehst die dicke Jacke an.
Du gehst so langsam,
bist so schwach,
du willst
die letzte Rose seh‘n,
die blüht,
bevor der Winter kommt.
Ich steh‘ am Fenster,
schau‘ dir nach
und als du winkst,
komm‘ ich zu dir,
du strahlst mich schon
von Weitem an:
„Mein lieber Hannes,
es sind zwei!“

Bernstein

Vor mir
auf dem Schreibtisch steh'n
drei alte Marmeladengläser,
randgefüllt mit etwas Rollholz
und wohl tausend
Bernsteinstückchen.
Ich seh' sie mir
fast täglich an
und sehe uns
am Meer,
am Strand.
Du gehst ganz langsam,
Blick nach unten
und hast ein Stöckchen
in der Hand.
Wir suchen dort,
wo Rollholz liegt
und Seegras, Muscheln
oder Tang.

Und ab und zu
passiert es dann,
es glänzt und funkelt
auf dem Sand.
Lächelnd kommst
du mir entgegen.
„Guck mal, Hannes",
sagst du dann
und öffnest deine linke Hand.

Es verging kaum ein Tag von März bis Oktober, an dem Gerda nicht mindestens einen Rundgang durch den Garten machte, um zu sehen, „wie alles wächst und blüht." Um sich daran zu erfreuen, wie schön unser Garten ist.

Friseur

Es ist mal wieder Zeit für mich,
die Haare sind zu lang,
drum fahr' ich heut' ins Krankenhaus,
zu „Blondi's Haarsalon".
Ich war dort früher schon ganz oft,
da lagst du meist im dritten Stock.
„Ach, mein Schatz, das steht dir gut,
so mag ich's sehr viel lieber,
komm' zu mir und bück' dich mal -
das fühlt sich schön an, so ist's gut."

Ich komme immer wieder her
und alles ist mir so vertraut,
in mein Gedächtnis eingebrannt
sind Türen, Farben, Wände, Töne.
Wir waren beide sehr oft hier,
voll Angst, was kommen mag,
voll Hoffnung auf ein gutes Ende,
das es leider doch nicht gab.

Ich geh' alleine durch die Flure,
zu den Räumen, wo du lagst,
ich sehe und ich fühle dich,
du bist mir hier besonders nah.
Doch niemand sieht mein kurzes Haar
und streicht ganz zärtlich drüber weg,
ich weiß genau, wie es sich anfühlt,
ich weiß genau, wie schön das war.

Das Haus ist voll von dir

Wenn ich
dich gar zu sehr vermisse,
noch mehr
als jeden Tag,
stell' ich mir vor,
das Haus ist voll,
das Haus ist voll von dir.
Ich seh' dich dann
fast überall:

Ich sehe dich
beim Zähneputzen,
höre Schränke,
die du schließt.
„Bleib' da", sagst du
und gehst nach unten
und machst
die Gartenpforte zu.
Du streichelst
unsren lieben Timmi
und lächelst mir entgegen,

du gießt die Blumen in dem Haus
und bringst die alte Zeitung 'raus.
Wenn ich durch unsre Fenster schau',
dann seh' ich dich,
geliebte Frau,
wie es dich freut,
die vielen Rosen
und alles,
was im Garten wächst,
von vorn bis hinten
anzuschau'n.

Ich seh' dich auch
in unsrem Bett,
in dem ich schlafe
ohne dich,
und doch -
ich fühl' dich
nah bei mir,
ich bin ganz sicher,
du bist hier.

Diese strahlende Cosmea ist eine von vielen
Pflanzen und Blumen, die im Sommer in vielen
Terracotta-Töpfen auf unserer Terrasse standen,
beim Buchsbaum oder wie hier an der Hauswand.

Einkaufszettel

Sie sind so klein
und doch so wichtig,
diese Einkaufszettelchen.
Du hast die Sachen aufgeschrieben
und ich hab' alles eingekauft.

Hier steht nach
Champignons
und Quark:
„Tomatensauce
und Zucchini,
junger Gouda,
Paprika."
Also machten wir Lasagne,
genau am 10. Januar.

Ich hab' sehr viele
dieser Zettel
aufbewahrt im
Rechtschreibduden,

in Wörterbüchern,
Lexika.
So find' ich heute
immer wieder
kleine Botschaften
von dir,
ich sehe deine schöne Schrift,
ich sehe dich und freue mich.

Manchmal nehm' ich einen Zettel
und kaufe diese Sachen ein
und koche,
was es damals gab.
Morgen wird's Lasagne geben,
mit Zucchini,
Paprika,
mit jungem Gouda überbacken,
wie am 10. Januar.

Wärme

Wenn du
auf deinem Sofa lagst,
zusammen mit
der leichten Decke,
lag auch die „Wärmi"
dicht bei dir.
„Das ist gemütlich",
sagst du mir,
„es ist mir eigentlich
nicht kalt."
Das war auch so
in unsrem Auto,
die Sitzheizung
in deinem Sitz
war praktisch immer an.
„So ist das
sehr viel angenehmer,
magst du das nicht?
Probier's doch mal."
Mein Autositz
ist nicht aktiv,

doch deiner, Schatz,
ist immer an,
auch jetzt,
bei jeder Fahrt.
Die roten Lämpchen
leuchten dann
und zeigen an,
du hast es warm.

Dieser Lavendel wächst in unserem Garten am Rand eines Rosenbeetes. Wenn er verblüht ist, schneidet Gerda ihn ab und ich nehme mir eine Handvoll, binde den Lavendel mit einer Schnur zusammen und hänge ihn an den Türschlüssel eines alten Schrankes in meinem Zimmer. Drei Lavendelsträuße hängen dort noch immer.

Lakritz

Im Küchenschrank
gibt es ein Fach,
das offiziell
„Geheimfach" heißt,
für Nüsse,
Bonbons,
Chips zumeist.
Jeder weiß,
dass es das gibt
und dass dort
nichts Geheimes liegt.
Wenn Gerda
sich was Süßes wünscht,
dann fragt sie meist:
„Gibt's noch Lakritz?"
Es sind die Batzen,
die sie meint,
pechschwarz, umzuckert,
weich und saftig,
in lila Tütchen abgepackt.

Sie freut sich,
wenn noch welche da sind,
dann hält sie nichts
vom schönen Spruch:
„Immer eins zurzeit!" -
sie ist zu deutlich mehr bereit.
Sie wählt dann langsam,
mit Bedacht,
4, 5, 6, ja sogar 8.
Ich schau' ihr zu
und wund're mich.
„Das muss so, Schatz,
sonst schmeckt das nicht."

Laeiszhalle

Ich fahre heut'
nach Hamburg 'rein,
ich brauche neue Hemden,
ich sehe *Ditsch*
im Hauptbahnhof -
und hör' ganz plötzlich
deine Stimme:
„Eine Laugenbrezel, bitte.
Hhhmmm, echt lecker,
noch ganz warm,
willst du mal?"
So war das immer
vorm Konzert.
Es ist, als wär' ich
wieder dort,
ich fühle die
Garderobenmarke,
so rund und glatt
in meiner Hand
und seh' den Saal,
die roten Polster,

wir saßen oft
in Reihe 9.
Ich seh' die Stühle auf der Bühne,
dahinter Stuck und zartes Rosa.
„Ich wünsch' dir
viel Vergnügen, Schatz."
„Und ich dir auch,
mein Liebes."
Ein leichter Kuss,
dein lieber Blick,
und dann Musik,
ich freue mich.

Ach, Gerdalein,
du fehlst mir so.

Wir waren immer wieder dort, um Ostern, zwischen Haarlem und Den Haag: Blumenfelder in allen Farben, Hyazinthen, Osterglocken und natürlich Tulpen. Wir konnten uns nie sattsehen.

Ich red' mit dir den ganzen Tag

„Guten Morgen, Liebes",
so fängt's an.
Später, am Grab,
erzähl' ich dann,
was ich so tue,
wie's mir geht,
erahne auch,
was du mich fragst.
„Was ich heute noch so mache?
Ich werde wohl
noch Cello spielen,
die braune Tonne
mach' ich voll
und etwas schreiben
will ich auch."
Ich red' den ganzen Tag
mit dir,
ganz einfach so,
so ganz normal,
beim Abwasch
oder Zwiebelschneiden.

Und zwischendurch
und immer wieder:
„Hallo, Schatz,
ich liebe dich."
Ich hör' genau,
was du dann sagst.
Ich frag' dich oft,
wie man was macht
und merke dann,
dass du mir hilfst.
Zum Glück bist du
ja immer da.

Ich rutsch' nach links

Wenn ich zu dir,
zum Friedhof fahr',
und Timmi ist dabei,
dann park' ich
unter hohen Bäumen
und setze mich,
bevor ich geh',
nach hinten,
neben ihn
(Es ist ein Kombi,
mit viel Platz).
Er ist entspannt
und liegt ganz ruhig
und ich, ich streichle ihn.

Es gibt von dir
ein Foto, Schatz,
da sitzt du so wie ich,
da sitzt du
rechts von unsrem Hund,

mit blauen Jeans
und heller Bluse,
du lachst
und streichelst ihn.

Ich könnte doch
beim nächsten Mal,
wenn ich zu dir,
mein Liebes, fahr',
mich links an Timmis Seite setzen,
dann wäre rechts
viel Platz für dich.

Ich rutsch' nach links
und du sitzt rechts,
ja, mein Schatz,
so machen wir's.

Eine Wiese in Oberbayern, da geht einem das Herz auf. Ich sehe Gerda, wie sie sich freut und einen kleinen Strauß pflückt und mit in die Wohnung nimmt.

Einbruch

Nach dem Einbruch,
Montagnacht,
lag die kleine
Plastiktüte
achtlos hingeworfen
auf dem Bett,
zwischen Hemden,
Taschentüchern.
In der Tüte
waren Rosen,
Blütenblätter,
braun, verdorrt,
manche auch noch
rosa schimmernd,
halb verfallen und verstaubt.
Die hast du,
Liebes,
aufbewahrt,
zusammen mit
dem kleinen Ring,

er war
vor vielen, vielen Jahren
mein allererster Ring
für dich.
Die welken Blumen,
dieser Ring,
der Blick in die Vergangenheit -
welch unschätzbare Kostbarkeit.

Heide

Heide holen
am Kanal,
das gab es immer
im August.
Ich seh' dich, Schatz,
mit Gartenschere,
im Gras und
zwischen Heidebüschen,
mit Spankörbchen
und Gummistiefel,
das hast du
richtig gern gemacht.
„Was meinst du, Hannes,
reicht das so,
oder soll ich
noch was holen?"
Die Heide hat
ein zartes Lila,
sie duftet wunderbar
nach Herbst,
nach feuchtem Nebel und Natur.

Die rosa Lieschen
sind verblüht,
ich hab' sie
gestern 'rausgenommen,
jetzt pflanz' ich
Heide auf dein Grab.
Ich denk' dabei
an früher, Liebes,
ich sehe dich
mit Gartenschere,
im Gras und
zwischen Heidebüschen.
Ich weine
und ich freue mich,
wie schön das
alles war.

An zwei Ecken unseres Hauses stehen hohe, üppig blühende Rosenbüsche, „New Dawn". Sie haben einen zarten, frischen Duft. Einfach wunderbar.

NOKIA

Ich hab' ein wirklich
kleines Handy,
es ist ein schwarzes NOKIA,
zwei Daumen breit,
zwei Finger lang
und mindestens zwölf Jahre alt.
Es funktioniert ganz einwandfrei,
es kann auch simsen,
wenn ich will,
es ist ganz ohne Internet,
doch deutlich smarter,
als man denkt.
Es schickt mir täglich
von allein
und immer wieder
für Sekunden
ein kleines Bildchen
aufs Display.
Ein Bild, zumeist
aus den Vogesen,
mal seh' ich dich,

dann bunte Häuser,
vertraute Landschaft,
Gugelhupf.
Es gibt da keine Reihenfolge,
mal schickt es dies,
dann wieder das,
es zeigt mir,
wie ein guter Geist,
das Glück aus der Vergangenheit.

Von Gerda lernen

Auf 30 Seiten Din A4
hab' ich mir alles aufgeschrieben
in unsrem letzten Jahr,
der Ordner heißt
„Von Gerda lernen".
So hilfst du mir
an jedem Tag
beim Kochen, Backen,
Waschen, Bügeln
und bei vielen
andren Sachen.
Hab' ich Fragen,
schau' ich nach:
„Was darf nicht
in den Wäschetrockner?"
„Wie lange muss
Kohlrabi kochen?"
Das Schöne daran
aber ist,
die Antwort besteht
nicht nur aus Worten,

es ist,
als nähmst du meine Hand,
als wär'n wir beide
in der Küche
und du stehst neben mir
und sagst:
„Der Kohlrabi
ist jetzt fertig,
die 10 Minuten
sind schon um."

Ein bunter Tulpenstrauß –
Lebensfreude

Aprikosenkuchen

Das, was wir
gemeinsam lieben,
sind Schweiz und
Aprikosenkuchen.
Wir kaufen gern
bei einem Bäcker
die Hälfte
einer halben Torte.
Wir suchen
eine schöne Bank,
vielleicht am See
mit tollem Blick,
dort packst du sie
behutsam aus:
heller Boden,
dunkle Früchte,
Puderzucker
obendrauf.
Du nimmst den Kuchen
in die Hand:

„Mund auf, Hannes,
du fängst an."
Dann kommst du dran,
dann wieder ich,
es ist wie immer Hochgenuss.
Damit das Glück
noch länger dauert,
beißt jeder kleine
Stückchen ab.
„Nun mach' den Mund
mal richtig auf",
sagt Gerda streng zu mir,
„du kriegst ja gar nichts ab."
Und als ich ihr
erklären will,
dass dies bei ihr
nicht anders ist,
und so mein
Mund geöffnet ist,
versenkt sie prompt
das letzte Stück.

Rollator

Wir konnten beide
nicht mehr geh'n,
nicht Hand in Hand,
wie all' die Jahre,
wir fuhr'n zu zweit
mit dem Rollator
- du saßt, ich schob -
durchs Krankenhaus.
Vielen,
die entgegenkamen,
stand Freude
ins Gesicht geschrieben,
ein Lächeln,
das an Kindheit dachte,
an Bullerbü und Bollerwagen,
an Schlittenfahrt
in tiefem Schnee.
Und kaum vorbei,
kam schon der Nächste
mit diesem
träumerischen Blick,

mit diesem Lächeln
in den Augen.
Und ein Quäntchen
dieser Freude
kam trotz
Not und Traurigkeit
als Geschenk
zu uns zurück.

In den Sommerferien waren wir sehr oft in der
Schweiz. Gerda pflückte immer Blumen und
Kräuter auf den Bergwiesen - wenn irgendwie
möglich schon am Ankunftstag - und stellte sie in
ein Trinkglas. Dieser Strauß aus Ascona
(Tessin) ist in Farbe und Größe ganz typisch.

Herbst

Der Herbst ist da,
der Winter naht,
die Zeit der Blumen
ist vorbei,
dein Grab sieht jetzt
ganz traurig aus.
Es fehlt das Rot der
Sommerblumen
und auch das
Blau vom Immergrün.
Christrosen pflanz' ich
vor dem Frost
und zünde
eine Kerze an,
damit's dir nie
ganz dunkel wird.
Ich bring' auch Vogelfutter mit,
ich weiß, du freust dich,
wenn sie kommen,
der Kleiber und die flinken Meisen,

der Dompfaff und das
Rotkehlchen.

Du weißt es sicher,
ich sag's trotzdem,
auch ich komm jeden Tag
zu dir.

Pappelweg

Ich gehe heut'
den Pappelweg
mit Timmi und Rollator
und unterwegs,
weil's Freude macht,
red' ich mit dir
und du mit mir.
Deine Worte
sprech' ich auch,
ich weiß ja,
was du sagst,
und wie du's sagst,
natürlich auch.
Doch heut' hör' ich
genauer zu,
denn wenn du sprichst,
hör' ich nicht mich,
ich höre dich
und deine Stimme.
Wenn man so lang'
zusammen war,

ist das nicht wirklich
sonderbar.

Und plötzlich denke ich,
was wär',
wenn du
die Worte wirklich sprichst,
in mir, durch mich -
als Teil von mir?
Denn du hast mir
so oft gesagt,
ganz ernsthaft,
ohne jeden Zweifel:
„Du wirst dann
nie alleine sein,
mein lieber Hans,
ich bin bei dir."

Gerda hat Hannas Brautstrauß leider
nicht gesehen. Er hätte ihr bestimmt
gefallen, denn er sieht fast so aus, als
käme er von einer bunten Sommerwiese
in der Schweiz oder in Bayern.

Handygespräche

Mit Handys
hast du nichts im Sinn,
im Krankenhaus
sieht's anders aus.
Dort hast du meins,
dann freust du dich.
Besonders dann,
wenn Nele anruft
und über ihren
Anton spricht,
dann ist die Freude
riesengroß.
Du redest mit,
wenn sie erzählt:
„Ja... ja... wie schön ...
Das kann er schon?
Nein... nein... das geht
natürlich nicht",
wenn Anton,
dieser kleine Schlingel,
mal wieder was Verbot'nes tut.

Gleichzeitig lachst du,
freust du dich.
Wenn Anton dann
den Hörer hat,
dann sagst du laut
„Wau-wau" zu ihm,
mit einer tiefen,
rauen Stimme
und Anton gibt
mit hellem Stimmchen
ein „Wau-wau-wau"
an dich zurück.
Das ist dann
Medizin für dich.

Fernsehapparat

Zum Tee um 4
mach' ich ihn an
und bin ganz plötzlich
in Tarifa,
weiße Häuser,
hohe Palmen,
Bougainvillea,
feuerrot.
Ich seh'
den Hafen,
große Schiffe
und dahinter Afrika.
Es ist so,
wie es damals war,
als wir zu zweit
genau dies sahen.
Ich spüre stark
für eine Weile,
dass wieder ist,
was damals war.

Zeitumstellung

Von Sommerzeit
auf Winterzeit
hab' ich die Uhren
umgestellt,
für viele ist dies
Ärgernis,
für mich
'ne Kleinigkeit.
Das ist natürlich
auch kein Wunder,
ich bin darin ja
sehr geübt,
ich stell' die Uhren
täglich um,
zurück,
um viele Jahre.
So seh' ich dich,
geliebte Frau,
so bin ich bei dir,
Tag für Tag.

Neben einer Kirche in Tarifa sahen
wir diesen Wasserfall von Blüten und
Farben. Bougainvillea, viele Meter von
einem Dach zur Erde rankend.

Dein Ring

Deinen Ring,
geliebte Gerda,
trug ich lang'
an meiner Hand
und fühlt' mich dir,
durch diesen Ring,
Tag und Nacht
besonders nah.
Ich sah ihn an,
befühlte ihn,
er war ein Teil
von dir an mir,
das fand ich tröstlich,
wunderbar.
Ich sprach mit ihm,
als seist du er,
ihr wart ja
eins und unzertrennlich,
weit über 40 Jahr.

Doch dann,
an einem Tag
im Winter,
da war er plötzlich
nicht mehr da.
Es war,
als hätt' ich dich,
geliebte Frau,
verloren nun
ein zweites Mal.
Ich war verzweifelt -
wo ihn suchen,
drinnen, draußen,
unterm Schnee? -
Und war erlöst
und überglücklich,
als ich fühlte,
als ich sah,
dass er im
rechten Handschuh war.

Nicht ganz allein

Liebster,
sag',
wie geht es dir,
was machst du so
den ganzen Tag?
Ach, Schatz,
du fehlst,
ich bin allein. -
Nicht ganz allein,
das stimmt so nicht,
der liebe Timmi
ist bei mir
und Nele, Hanna
seh' ich oft.
Und es kommen
immer wieder
liebe Menschen
in das Haus,
wir reden viel,
oft über dich,
sie bieten ihre Hilfe an,

sie trösten und
umarmen mich.
Es kommt auch vor,
dass sie hier putzen
und Suppe bringen,
einfach so.
Ich denke oft,
die schickt der Himmel,
und, wer weiß,
vielleicht auch du.

Diese Tulpen waren ganz besonders wichtig für Gerda, obwohl sie nicht für sie bestimmt waren. Dies ist der Brautstrauß unserer Tochter Nele. Gerda hatte große Angst, diese Hochzeit nicht mehr erleben zu können.

Deine Stimme

Ich höre
deine Stimme oft
und lausche
deinen Worten nach,
du sprichst mit mir,
erzählst mir was,
ich liebe deine Stimme sehr.
Sie ist ganz unverwechselbar
und was du sagst,
ist ganz besonders.
Wenn dich,
zum Beispiel,
'was sehr freut,
dann sagst du oft:
„Das freut mich jetzt
ganz tüchtig.“
Und wenn du über
Menschen sprichst,
von früher,
aus dem kleinen Dorf,
dann sagst du

„Koopmanns Dieter und
Flehrs Heinzi."
Wann immer mir
so etwas einfällt,
was ich von dir,
von früher kenn',
dann schreib' ich's auf
in einem Buch.
Und wenn ich all' das
wieder lese,
dann freu' ich mich,
dann bist du da.

Türkranz

Der Türkranz
in der Weihnachtszeit
ist bei uns
besonders schön.
Ich schau' dir zu,
wie du ihn machst:
„Band und Schleife
musst du bügeln,
nicht heißer
als auf Stufe 1.
Die Schleife wird
hier festgesteckt
mit diesen beiden
langen Klammern,
es ist ganz einfach,
schau', so geht's.
Und, ganz wichtig,
lieber Hannes,
aufgehängt wird zum Advent
und nicht vor Totensonntag."

Du hast Tränen
in den Augen,
als du mir
das leise sagst.
„Wie gut,
dass der jetzt
anders heißt,
‚Ewigkeitssonntag'
sagt man jetzt.
Ist das nicht
sehr viel schöner?
Sei nicht so traurig,
lieber Hannes,
wir werden uns bald
wiederseh'n,
dann wirst du
bei mir sein
und ich bei dir.
Für immer,
ganz bestimmt."

Zu Gerdas Geburtstag im Januar
habe ich meist einen frühlingshaften
Blumenstrauß gekauft mit Tulpen
und Ranunkeln. Dies war ihr letzter.

Advent

Es ist Abend,
es ist dunkel,
die Kerze brennt
auf dem Adventskranz,
ich lese dir Geschichten vor,
aus „Schnüpperle"
und andren Büchern.
Du liegst, ich sitze
dicht bei dir,
du hast ganz oft die Augen zu:
„Ich schlafe nicht,
ich hör' dir zu",
du lächelst glücklich
und zufrieden.
„Das war schön",
sagst du am Schluss
und erzählst aus deiner Kindheit,
von dem Laden bei der Post,
hell erleuchtet war das Fenster,
und davor die vielen Kinder,

die sich übers Spielzeug freuten;
von der Fahrt
zum Weihnachtsmärchen,
von den Lichtern unterwegs,
von den Sternen auf den Bäumen
und wie schön das alles war.

„Liest du morgen wieder vor?"

Es ist ganz leicht

Mein Schatz,
ich möcht' dich
gerne seh'n,
ich weiß,
wie's geht,
es ist ganz leicht.
Ich hab' noch
viele Träume frei,
in die du einfach
schlüpfen könntest.
Und wenn du
angekommen bist,
dann leg' als Erstes
deinen Finger
ganz vorsichtig
auf meinen Mund,
damit ich nicht
vor Freude schrei',
sonst wär' ich wach,
der Traum vorbei.

Plätzchen und Punsch

An diesen Tagen,
kurz vor Weihnacht',
riecht es gut
im ganzen Haus,
ich backe Plätzchen
wie du früher,
mit Zimt,
Vanille, Haselnuss.
Es duftet auch
nach Apfelsinen,
nach Punsch
mit Nelken und Gewürz,
es duftet so,
als wär' es früher,
es duftet so,
als wärst du hier.

Rosen aus unserem Garten

Weihnachtskonzert

Heute war
die lange Probe,
morgen spiel'n wir
das Konzert,
„Vom Himmel hoch"
von Mendelssohn,
dazu noch viele
Weihnachtslieder.
Nicht nur wir Streicher
sind dabei,
auch Hörner, Pauken
und Trompeten,
dazu ein riesengroßer Chor,
es klingt gewaltig,
wunderschön.

Schöner noch,
berührender,
war deine
zarte, leise Stimme,

als du für mich
gesungen hast:
„Schneeflöckchen, Weißröckchen,
wann kommst du geschneit..."
Du lagst auf deinem
braunen Sofa,
mit einer Decke zugedeckt,
und eine Kerze
hat gebrannt
auf dem geschmückten
Weihnachtskranz.

Der Zauber
dieses Augenblicks,
er bleibt für immer,
ist für immer nah.

Zwei Kerzen

Früher,
noch nicht lange her,
stand ein großer
Weihnachtsbaum
in der Ecke,
bei den Fenstern.
In der Nacht
vor Heiligabend
hab'n wir beide
ihn geschmückt,
mit Kerzen, Kugeln,
Glöckchen, Zapfen,
mit Holzfiguren,
Zuckerkringeln
und mit tausend
andren Dingen.
Es war ein schöner
bunter Baum.

Jetzt zünd' ich nur
die Kerze an
auf unsrem
kleinen Tisch,
ich denk' an dich
wir sind uns nah,
auch weil ich weiß,
geliebte Frau,
dass wie bei mir
jetzt auch bei dir
an Weihnachten
die Kerze brennt.

Wir haben diese zarten weißen Rosen bei
Freunden in der Nähe von Oxford gesehen
und haben uns sofort verliebt. Sie blühen
bei uns in einem Beet vor der Eingangstüre ab Mai
bis in den Herbst. Sie heißen „Schneeflocke".

20. Januar

Ich weiß genau noch,
wie es war,
als ich dir heut'
vor 50 Jahr'
Rosen zum
Geburtstag brachte,
es war das
allererste Mal.
Ich klingelte
bei Wilkesmann,
du hattest dort
ein kleines Zimmer.
Ich gab dir
meine sieben Rosen,
du warst verdutzt,
ich aufgeregt,
wir kannten uns ja kaum.
Dann setzt' ich mich
ins Treppenhaus
und blieb dort
ungefähr drei Stunden -

vergeblich, denn
du bliebst zuhaus'.

Jetzt sitz' ich hier
an deinem Grab,
und hab' für dich,
geliebte Frau -
heute ist ja
dein Geburtstag -
wieder Rosen mitgebracht.
Doch heute ist es umgekehrt,
nun musst du leider
auf mich warten.
Ich weiß ja nicht,
wie lang das dauert,
ich weiß auch nicht,
wo du jetzt bist,
aber ich,
das weiß ich sicher,
freu' mich schon jetzt
ganz doll auf dich.

Dort, im andern Leben *

Liebes,
sag', wie find' ich dich,
dort im andern Leben.
Ist der Weg
zu dir sehr weit?
Wen kann ich fragen,
wer kann helfen,
wenn ich nicht mehr weiter weiß?
Vielleicht kommst du
mir ja entgegen,
du kennst dich besser aus.
Oder wartest du
ganz still auf mich,
mit einem Lächeln
im Gesicht,
so strahlend
und so klar,
so unwiderstehlich,
herzerwärmend,
so, wie es immer war?

Ja, mein Schatz,
so wird es sein,
dein Lächeln wird
mich zu dir führen,
dein Lächeln wird es sein.

*Siehe: Paul Gerhardt: „Fröhlich soll mein Herze
springen ...", 12. Strophe

Für mich gibt es keine Blume,
die strahlender und fröhlicher
ist als eine Sonnenblume.
Über diese freuten wir uns täglich
im August 2013. Sie stand in einem
Garten in Ascona (Tessin).